Jahr 878 bei der alten Laurentiuskirche ein Kloster gestiftet und selbst erbaut haben. Ein Drache, der die Sillschlucht (beim Berg Isel) behauste, zerstörte das Bauwerk immer wieder, bis Haymon ihn tötete und ihm die Zunge herausriß. Diese »Drachenzunge« wurde bis zur Aufhebung des Stiftes 1939 in den Stiftssammlungen gezeigt. Dabei handelt es sich aber um den Stirnfortsatz eines Schwertfisches. Heute befindet sich das Stück im Tiroler Landesmuseum Ferdinandeum. In der Vorhalle der Stiftskirche hält eine über drei Meter hohe Kolossalstatue des Riesen Haymon aus der Zeit um 1470 die Erinnerung an jene Begebenheiten lebendig. Sie soll sich einst liegend über seinem Grab in der alten Turmkapelle an der Nordseite der Stiftskirche befunden haben.

Die Haymonsage birgt sicher einen historischen Kern. Zu jener Zeit kam es wohl öfter zu Konflikten der ansässigen Bevölkerung mit einwandernden Bajuwaren. Der Silldrache könnte schlicht den Fluß selbst verkörpern, der oft Hochwasser führte und erst durch die Regulierung seines Laufes einigermaßen »gezähmt« werden konnte.

Gotische Kolossalstatue des Riesen Haymon in der Vorhalle der Stiftskirche, um 1470

Ein kleiner Konvent gemeinsam lebender Kleriker scheint schon in früher Zeit die Seelsorge der Umgebung ausgeübt zu haben. Dieses sog. Kollegiatstift wurde durch den Brixener Bischof Reginbert 1138 dem erst kurz vorher (1121) durch den hl. Norbert von Xanten gegründeten Prämonstratenserorden übertragen. Dieser junge Orden muß mitten in einer Zeit großer kirchlicher Mißstände - verursacht vor allem durch die unzureichende Bildung, Korruption, weltlichen Machtansprüche, Ausbeutung der kirchlichen Pfründe etc. von seiten des Klerus - eine enorme Kraft geistlicher Erneuerung ausgestrahlt haben. Die ersten Chorherren kamen unter der Führung des Propstes Marquard aus

Kreuzesvision des hl. Norbert und Bau des Klosters Prémontré (Nordfrankreich) durch Engel, Deckenfresko von Egid Schor im Vestibül der Stiftsanlage, 1696

dem schwäbischen Kloster Rot an der Rot. Am 30. April 1138 bestätigte Papst Innozenz II. die Rechte und Güter des Klosters Wilten; die Originalurkunde hat sich im Stiftsarchiv erhalten.

Der Orden der Prämonstratenser und seine Aufgaben

Norbert von Xanten u. Bernhard von Clairvaux vor Kaiser Lothar III., Wandfresko der Norbertikapelle

Wie so oft, steht auch am Beginn der Gründung unseres Ordens ein Bekehrungserlebnis, die intensive Gottesbegegnung eines Einzelnen. Norbert von Xanten, Edler aus dem Geschlecht derer von Gennep, geboren um 1080 in der Stammburg dieses Geschlechtes nahe Xanten am Niederrhein, war schon von früher Jugend an für den geistlichen Stand bestimmt, allerdings nicht als Priester. Bereits als Subdiakon war er zur Erlangung kirchlicher Pfründe fähig, die er in vollem Maße auch genoß. Zuletzt war Norbert am Hofe Kaiser Heinrichs V., wo er zum Pagen ausgebildet werden sollte - vorbestimmt für eine adelige Karriere. Ein Sturz vom Pferd brachte ihn - ähnlich dem hl. Paulus - zum Überdenken seines Lebens. Von nun an suchte Norbert die Einsamkeit und Stille. Später zog er als Bußprediger durch Deutschland und Frankreich und gewann das Vertrauen vieler Menschen - er schien ein besonderes Charisma als Friedensstifter und Streitschlichter besessen zu haben.
Mit einigen Getreuen ließ er sich im sumpfigen Waldtal von Prémontré bei Laon (Nordfrankreich) nieder. Der Name »Prämonstratenser« läßt sich auf diesen Ortsnamen (vom Lateinischen »praemonstratum« = vorhergezeigt) zurückführen. Ganz im Stil der großen Reformbewegungen in der Kirche seiner Zeit (Cluny, Cîteaux usw.) betrachtete auch Norbert die Aufgaben der neuen Gemeinschaft, die zu Weihnachten 1121 die ersten Ordensgelübde ablegte. Norbert war nicht Schöpfer einer neuen

Der Kirchenvater Augustinus übergibt dem hl. Norbert die Ordensregel, Fresko in der Hohlkehle des Norbertisaales von Kaspar Waldmann, 1710

Ordensregel, er übernahm die bereits bestehende Regel des hl. Augustinus und suchte diese zu verwirklichen. Dieses Ereignis können wir als die Geburtsstunde unseres Ordens bezeichnen.
Heute gehören ihm weltweit an die 1500 Mitglieder in 64 Niederlassungen an. Als Hauptaufgaben der Kommunität sehen wir das Lob Gottes, die Feier der Liturgie und die Seelsorge. Durch Mitbrüder des Stiftes Wilten werden heute 22 Pfarreien in und um Innsbruck seelsorglich betreut.

Die Gründung Innsbrucks

Da die Römer Meister des Straßenbaus waren, konnten noch lange nach dem Zerfall des Römischen Reiches die alten, aber solide gebauten Strassen weiterbenützt werden. Inzwischen hatte sich am linken Innufer ein Markt etabliert, der im Besitz der Grafen von Andechs-Meranien war. 1180 erweiterte Graf Berthold III. nach einem Abkommen mit Propst Heinrich I. von Wilten den Markt auch auf die rechte Innseite. Dieses Gebiet stand im Eigentum des Stiftes Wilten. Die bereits bestehende Innbrücke dürfte im Zuge dessen eine beträchtliche Erweiterung und Befestigung erfahren haben. Der alte Markt (heute St. Nikolaus/Mariahilf) trug den Namen »Anbruggen«, den neuen nannte man »Innsbruck«. Als Dank für die erfolgreich abgeschlossenen Verhandlungen schenkte der

Andechser Graf Berthold V. (oder Berthold VI.) dem Stift den berühmten »Wiltener Henkelkelch«. Dieser Kelch, einst Prunkstück der Stiftssammlungen, aber auch eine Art »geistlicher Brennpunkt«, mußte in einer schweren Finanzkrise 1938 an das Kunsthistorische Museum in Wien veräußert werden, wo er heute noch besichtigt werden kann.

Spätmittelalter

Im Lauf der Jahrhunderte gelang es dem Stift, seine Grundherrschaft nicht zuletzt durch das Wohlwollen der Landesfürsten und durch fromme Stiftungen auszubauen. In Händen des Klosters lag die niedere Gerichtsbarkeit, und ab 1370 wird der »Prälat« (Abt) des Stiftes »Erblandhofkaplan« von Tirol. Als solcher hatte er bis 1918 Sitz und Stimme im Tiroler Landtag. Dennoch stellten Erweiterung und Festigung der materiellen Güter und Liegenschaften allenfalls eine »Nebenerscheinung« dar. Hauptaufgabe war und blieb die Seelsorge und das soziale Engagement der Chorherren. Das Mittelalter spricht in diesem Zusammenhang von »Seelgerätstiftungen« - oftmals hochdotierten Gebetsleistungen in Form von feierlichen Messen und Andachten - eine Art »Lebensversicherung« für das Jenseits nach damaligem religiösen Verständnis.
Anfangs waren die meisten Prämonstratenserklöster Doppelklöster, d.h., daß sich neben dem Männerkloster auch ein Frauenkonvent befand. Der Straßenname »Frauenanger« im Stadtteil Wilten nördlich des Stiftes zeugt heute noch davon. Gegen Ende des 13. Jh. wurde das Frauenkloster jedoch aufgrund eines Beschlusses des Gesamtordens aufgehoben und in ein Spital umgewandelt, das bis Mitte des 14. Jh. bestand.
Immer größere Bedeutung erhielt allmählich die Seelsorge in den zum Stift gehörenden (»inkorporierten«) Pfarreien. Aus den drei Urpfarren Wilten, Patsch und Ampaß gingen jene 22 Pfarreien hervor, die heute noch von den Chorherren des Stiftes seelsorglich betreut werden.
Im Mittelalter unterhielt Stift Wilten eine Klosterschule. Diese diente vornehmlich der Heranbildung des eigenen Klosternachwuchses. Es bestanden eine eigene Schreibstube (Scriptorium) und eine Bibliothek. Von einzelnen Chorherren wissen wir, daß sie zum Studium auf auswärtige Universitäten (Bologna, Wien, Ingolstadt u.a.) geschickt wurden.

Reformation und Gegenreformation

Die Reformationszeit scheint im katholischen Tirol nicht so schwerwiegende Veränderungen gebracht zu haben, wie z.B. im Osten Österreichs. Immerhin finden sich um 1570 noch neun Konventualen im Stift, die Klosterschule bestand ebenfalls noch. Der Niedergang des Stiftes in dieser Zeit scheint eher eine Folge von Mißwirtschaft und zahlreichen

Die Stiftsanlage

Naturkatastrophen gewesen zu sein (Brände, Epidemien, Viehseuchen, Erdbeben). Begleiterscheinung dieser Wirren war eine allgemeine Infragestellung der staatlichen wie kirchlichen Obrigkeiten, sowohl von außen als auch von innen: Die Not vor allem der bäuerlichen Bevölkerung wurde ob der genannten äußeren Umstände immer drückender, »ideologisch« wurde gegen jede Art von Unterdrückung und Unfreiheit opponiert. So kam es zu zahlreichen Bauernaufständen. Nur durch die restlose Herausgabe des Wein- und Fleischvorrates entging das Stift 1525 der Plünderung und Brandschatzung.

Durch Erbteilung wurde Innsbruck unter dem Habsburger Erzherzog Ferdinand II. Residenzstadt. Das war im Jahre 1565. Ferdinand betrieb außerdem energisch die katholische Restauration. Dazu holte er sich die Hilfe zahlreicher Orden, gegen deren Niederlassung in Innsbruck das Stift sich nun nicht mehr sträuben konnte, wie einst im Mittelalter. Jesuiten, Franziskaner, Kapuziner, später auch die Serviten; sie alle gaben nun ein recht buntes Bild von Kirche ab.

Allein das Stift steckte noch in großen Schwierigkeiten, materiell wie spirituell. Eine unfähige Führung und die allzu lockere Klosterdisziplin,

der Streit darum, wer nun »übergeordneter Vorgesetzter« des Stiftes war - der Bischof von Brixen oder der Generalabt der Prämonstratenser in Rom - kosteten viel Energie. Landesfürst Ferdinand II. selbst sah sich gezwungen, durch eine tiefgreifende aufoktroyierte Reform das Stift aus diesen mißlichen Zuständen zu führen.
Vor allem die Hebung des Bildungsstandes der Chorherren und der Austausch mit Klöstern strengerer Disziplin brachten den gewünschten Erfolg: Wilten entwickelte sich langsam zu einem Barockkloster. Der wirtschaftliche Aufschwung erlaubte nun auch einen teilweise großzügigen Umbau der vielfach desolaten Baulichkeiten.

Der Weg vom Theresianischen Zeitalter bis ins 20. Jahrhundert

Auf geistiger Ebene reiften bald die ersten Früchte. Neben der Vermittlung des Wissens auf traditionell-scholastische Weise, wie sie in den Lyzeen und an den Universitäten gepflogen wurde, erregten nun auch neue Wissenschaften wie Geschichtsforschung, Naturwissenschaften und Philosophie großes Interesse. Wiltener Äbte und Chorherren gehörten zur Schicht der Intellektuellen, und man traf sich in elitären Zirkeln und »Akademien«. Die Studienreform der Kaiserin Maria Theresia machte es einem Wiltener Chorherren möglich, eine Lehrkanzel an der Innsbrucker Theologischen Fakultät zu erlangen.
Was sich in den folgenden Jahren ankündigte, brachte enorme Umwälzungen - nicht nur auf geistiger Ebene - mit sich. Ein letztes Aufflackern barocker Sinnenfreude war die in Innsbruck großartig gefeierte Hochzeit Erzherzog Leopolds - eines Sohnes der Kaiserin Maria Theresia - mit der spanischen Infantin Maria Ludovica. Die Triumphpforte in der Maria-Theresien-Straße an der Grenze zwischen Wilten und Innsbruck erinnert an diese glanzvollen Tage, aber auch an den plötzlichen Tod des Kaisers Franz Stephan von Lothringen 1765 nach einer Opernaufführung während der Tage dieses Festes.
Die Geisteshaltung jeder Zeitepoche findet ihren Ausdruck immer auch in der bildenden Kunst und im Baustil. War die neu erbaute Wiltener Pfarrkirche (heute Basilika) ein Kleinod des Rokoko, so sollte unter der Regentschaft des Bruders des Hochzeiters Leopold, Kaiser Josefs II., ein wesentlich nüchternerer Geist in Österreich und in ganz Europa Einzug halten: Das Zeitalter der »Aufklärung«.
Als 1805 nach dem Frieden von Preßburg Tirol an Bayern abgetreten wurde, schien das Ende des altehrwürdigen Stiftes gekommen. Sämtliche Besitztümer und Anwesen - die materielle Existenz des Klosters - wurden verkauft (»säkularisiert«), geplündert oder verschleudert, die Chorherren auf die Pfarrhöfe der neuerrichteten Pfarren »verbannt«. Im

Die älteste Ansicht von Wilten auf einem Flügel des Ursulaaltars, Ludwig Konraiter (?), 1485/90

Stift, das nicht verkauft werden konnte, verblieb allein der Abt mit einigen alten Mitbrüdern. Nach einer turbulenten Zeit vieler Kriegswirren konnte 1816 nach dem Wiener Kongreß das Stift wiederhergestellt und Güter sowie Kunstgegenstände sukzessive wieder zurückgegeben werden. Im nachhinein können wir bemerken, daß diese Zeit der gewaltsamen Umbrüche dem Stift mehr nützte als schadete. Das Feudalzeitalter war wirklich überwunden, die Erneuerung des Stiftes gelang auf der Basis der tiefen und kraftvoll-bodenständigen Spiritualität seines Gründers, des hl. Norbert. Die Ausbildung des Ordensnachwuchses wurde wieder großgeschrieben, und Wiltener Chorherren waren sogar als Missionare in Nordamerika tätig.
Mit der industriellen Revolution begann die Bevölkerungszahl Innsbrucks zu explodieren. Niemand konnte die sozialen Folgen, vor allem aber die Verelendung der Arbeiterschaft so richtig voraussehen, und doch waren es wieder Wiltener, die tatkräftig an der Lösung der vielen Probleme mitarbeiteten. Während des Ersten Weltkrieges diente das Stift vorübergehend sogar als Lazarett für die Verwundeten vor allem von den Kriegsschauplätzen Südtirols.
Die vielen Aufbrüche der ersten Nachkriegszeit - besonders in der Jugendseelsorge - fanden ein jähes Ende im Nationalsozialismus. 1939

wurde Abt Heinrich VI. Schuler gezwungen, das Stift samt und sonders an den »Reichsgau« zu »verkaufen«. Die Mitbrüder wurden ausgewiesen, teilweise mußten sie aufgrund regimekritischer Äußerungen nach Südamerika fliehen; ein Mitbruder starb im KZ Dachau. Bei den Fliegerangriffen der Alliierten auf die Brennerbahn wurde das Stift derart zerstört, daß niemand mehr an ein Wiedererstehen glauben konnte. Die gemeinsam ertragene Last der Verbannung und Zerstörung hatte die Mitbrüder jedoch so zusammengeschweißt, daß unter größten Entbehrungen der äußere und innere Wiederaufbau geleistet werden konnte. 1957 kam mit Abt Alois II. Stöger ein Mann voller Energie und Tatendrang an die Regierung des Stiftes. Ihm verdankt die Gemeinschaft ein solides materielles Fundament und unzählige geistig-geistliche Impulse für das Stift und die ihm anvertrauten Pfarreien. Auftrag des regierenden Abtes Raimund Schreier ist es, die Gemeinschaft der Mitbrüder durch die Chancen und Krisen der heutigen Konsum- und Wohlstandsgesellschaft in die Zukunft zu begleiten.

Baugeschichte der Vorgängerbauten und der heute bestehenden Kirche

Abt Heinrich Schuler (1922-1949) war seinerzeit ein unermüdlicher Forscher, besonders was Alter und Geschichte der Stiftskirche anbelangt. Er stellte fest, daß es sich bei der ersten Kirche in Wilten wohl nur um einen kleinen Holzbau gehandelt hat, umgeben von schlichten Hütten - den ersten Klostergebäuden. Urkundlich erwähnt werden Kirche und Kloster im Jahre 1138, bei der Einsetzung durch den Brixener Bischof Reginbert. Er selbst dürfte das damals bestehende Kollegiatstift aufgelöst und seine Güter dem erst 1121 gegründeten Orden der Prämonstratenser übergeben haben.
Ein gotisches **Tafelgemälde des ehemaligen Ursulaaltars** zeigt eine **spätmittelalterliche Ansicht** von Kirche und Kloster. Die dreischiffige Pfeilerbasilika mit erhöhtem Mittelschiff dürfte bereits in romanischer Zeit dieselben Ausmaße gehabt haben. Im Osten schloß ein erhöhter Chor in drei Apsiden, darunter befand sich eine Krypta, Begräbnisort der Äbte und adeliger Stifter. Das Stiftsarchiv birgt noch heute einen reichen Schatz an Urkunden aus jener Zeit. So wissen wir, daß im Jahre 1288 der klagende Sang der Feuerglocke erst verstummte, als der Kirchturm selbst in die glosenden Trümmer stürzte. Unter dem als Seligen verehrten Abt Wernher, dessen Gebeine in einem Barocksarkophag hinter dem Hochaltar ruhen, wurde die Kirche bereits

um 1300 im frühgotischen Stil wiedererrichtet. Aus 1432 ist uns die Weihe des Hochaltares als Marienaltar überliefert.
Abt Andreas Mayr (1621-1650) hatte in Italien studiert und dort den Doktorgrad der Theologie erworben. Damals war er auch mit dem neuen Lebensgefühl des Barock in Berührung gekommen, das sich nicht zuletzt in einem völlig neuen Baustil niederschlug. Zur Abtwürde gelangt, fesselten ihn Gedanken an einen Neubau der längst schadhaft und baufällig gewordenen, im Grunde noch gotischen Stiftskirche. So ließ er 1644 Grabungen durchführen unter dem Vorwand, die Gebeine des legendären Riesen Haymon heben zu wollen. Die Kolossalstatue des Riesen, die heute die Vorhalle der Stiftskirche ziert, lag damals in der Turmkapelle an der Nordseite des Presbyteriums auf einem Katafalk. Dort ließ Abt Mayr so lange die Fundamente untergraben, bis eines Abends beim Angelusläuten der Turm beträchtlich ins Schwanken geriet. Als ein Mitbruder dies dem Abt vermeldete und um die Erlaubnis bat, das Gebet in der Kirche abkürzen zu dürfen, antwortete dieser lakonisch, er sei doch ein Schneider, solle Nadel und Faden nehmen und die heruntergefallenen Steine wieder hinaufheften. So berichtet es die Stiftschronik. In derselben Nacht noch stürzte der Turm ein und zerstörte das Gewölbe. Sieben Jahre lang blieb die Stiftskirche eine traurige Ruine, bis man unter Abt Dominikus Löhr (1651-1687) zur **Grundsteinlegung eines Neubaues** schritt. Zwar hatte bereits Abt Mayr beim Hofbaumeister Christoph Gumpp d. J. (1600-1672) Pläne anfertigen lassen, aufgrund der Wirren des Dreißigjährigen Krieges verzögerte sich jedoch der Baubeginn. Abt Andreas Mayr hat ihn nicht mehr erlebt.
Ein starkes Steinfundament aus den Trümmern der alten Kirche, die man in den Sandboden grub, sollte nun das neue Bauwerk tragen. Dem Maurermeister Georg Scheffler von Krössenbrunn muß in der statischen Berechnung des Gewölbes allerdings ein Fehler unterlaufen sein. Am 6. September 1657 stürzte das erst kurz zuvor vollendete Gewölbe ein und begrub sechs Arbeiter unter sich. Scheffler entzog sich seiner Verantwortung durch Flucht, und wiederum vergingen Jahre, ehe unter der Bauleitung des Hofmaurermeisters Gallus Appeller 1665 die Kirche mit einem tragfähigen Tonnengewölbe im Rohbau fertiggestellt werden konnte. Jesse Perkhofer, Weihbischof von Brixen, konsekrierte am 6. und 13. Oktober dieses Jahres sechs Seitenaltäre.
Die eigentliche **Weihe der Kirche** und des Hochaltars vollzog am **18. Oktober 1665** der Brixener Fürstbischof Sigmund Alfons Graf Thun. Kaiser Leopold I. war höchstpersönlich zugegen. Der aus dem Pustertal stammende Maler Stefan Kessler hat die Szene auf einem Monumentalgemälde festgehalten. Dabei hat sich der Künstler bemüht, alle promi-

Einweihung der Stiftskirche am 18. Okt. 1665, Gemälde v. Stefan Kessler im Verklärungszimmer

nenten Persönlichkeiten getreu zu porträtieren. Dieses Gemälde macht es uns möglich, Rückschlüsse über die erste Ausstattung der Stiftskirche zu ziehen. Der damalige Annenaltar aus weißem Marmor (links im Bild) wurde später in das Wallfahrtskirchlein Heiligwasser (oberhalb Igls) transferiert; es fehlten noch Stuck und Fresken am Gewölbe. An den Doppelpilastern der Wandpfeiler befanden sich Statuen der bekanntesten Ordensgründer bzw. -heiligen.

Auch das Äußere trug noch ein völlig anderes Erscheinungsbild: Der Nordturm wurde 1667 vollendet, der Südturm jedoch nur bis zur halben Kirchdachhöhe aufgeführt, da der Hofbaumeister Christoph Gumpp 1672 gestorben war. Abt Gregor von Stremer ließ 1716 der schlichten Fassade, die noch das Fresko Kaspar Waldmanns beim Annenaltar (1707) zeigt (Abb. S. 17), einen repräsentativen Portikus vorblenden - ein Werk des Innsbrucker Architekten Georg Anton Gumpp 1713-1719, einem Enkel Christoph Gumpps. Damit hat die Stiftskirche im wesentlichen ihr endgültiges Aussehen erhalten. In der Zeit des Rokoko und später des Historismus wurden noch Ergänzungen und Änderungen vorgenommen (Kanzel, Speisgitter, Tabernakel am Kreuzaltar usw.). Diese und der Wiederaufbau nach den Bombardements von 1943 und 1944 können den Eindruck einer geschlossen frühbarocken Anlage jedoch nicht verwischen.

Das Kirchengebäude

Der Baukörper

Stiftskirche und Kloster Wilten bieten von allen Seiten einen prachtvollen Anblick. Über einem rechteckigen Grundriß erhebt sich als Mitte der ganzen Klosteranlage die Kirche als spiritueller Mittelpunkt des Stiftes: »...Das Ziel eures gemeinsamen Lebens ist, einmütig im Hause zu wohnen und ein Herz und eine Seele zu sein auf Gott hin.« So schreibt es der frühchristliche Bischof und Kirchenvater Augustinus in seiner Ordensregel, nach der auch wir Prämonstratenser unser Ordensleben auszurichten versuchen.

Ganz im Sinne des Innsbrucker Hofbaumeisters Christoph Gumpp (1600-1672) sollte hier eine Anlage nach dem Vorbild der pompösen italienischen Barockarchitektur erstehen. Die stärkste Wirkung entfaltet zweifellos die Westseite, obwohl sie bis heute unvollendet geblieben ist. Der Südturm wurde nur zur Hälfte ausgeführt, der nördliche Abteitrakt fehlt gänzlich. Trotzdem bietet das Ensemble einen harmonischen und doch majestätischen Gesamteindruck.

Über einem mächtigen Sockel aus behauenem Nagelfluhgestein, der Höttinger Breccie, flankieren vier hervortretende Kolossalpilaster eine über das Hauptgesims reichende, halbrunde Mittelnische. Den Abschluß bildet eine umlaufende Balustrade, die von einem Dreiecksgiebel, der den oberen Teil der Nische bekrönt, durchbrochen ist. Nikolaus Moll († 1751) schuf die überlebensgroßen **Holzplastiken** der Riesen Haymon und Tyrsus (zu beiden Seiten oberhalb des Portals) sowie die Balustradenfiguren der Heiligen mit ihren Attributen: Laurentius (Rost), Augustinus (flammendes Herz), Maria (von Wolken und Engeln umgeben), Norbert (Monstranz) und Stephanus (drei Steine). Sie wurden später mit Kupferblech überzogen, um sie vor weiterer Verwitterung zu schützen.

Am Scheitelpunkt des Giebels verkündet die lateinische Inschrift der stuckverzierten Kartusche die Weiheinschrift der Kirche: »Gott, dem besten, höchsten, der seligen Jungfrau Maria, den heiligen Märtyrern Laurentius und Stephanus geweiht«.

Der reich gegliederte nördliche **Glockenturm** stand Modell für zahlreiche Kirchtürme in Tirol und über seine Grenzen hinaus. Über dem quadratischen Turmschaft erhebt sich die Glockenstube mit den nach allen Seiten hin offenen Biforienfenstern. Das oktogonale Uhrengeschoß bekrönt eine Kuppelhaube mit allseitig offener Laterne, Spitzhelm, Turmkugel und Stern. Am oberen Gesims der Glockenstube sitzen vier aus Kupfer getriebene, geflügelte Drachen, die als Wasserspeier dienen.

Das Innere

Vorhallengitter mit Wappen des Abtes Gregor Stremer, Adam Neyer, 1707

Durch das Portal gelangen wir zunächst in die **Vorhalle** der Kirche. Hier fällt sofort die über fünf Meter hohe Kolossalstatue des Riesen Haymon (Abb. S. 3) aus der Zeit um 1470 auf, die sich einst liegend in der alten Turmkapelle an der Nordseite des Chores befand, dort, wo die Tradition das Grab des Riesen lokalisierte. Der Einsturz des Turmes nach den unseligen Grabungen von 1644 führte schließlich zum barocken Neubau der Kirche. In der nördlichen Turmkapelle zeigen Fotos und eine Kurzbeschreibung wichtige Eckdaten der Geschichte der Kirche und des Klosters. An der Ostwand der Vorhalle erinnert eine Bronzeplastik des Innsbrucker Künstlers Emmerich Kerle an den Besuch des Papstes Johannes Paul II. im Jubiläumsjahr 1988.

Das prächtige schmiedeeiserne **Vorhallengitter** des Wiltener Schlossermeisters Adam Neyer (1707) ist neben dem »Rosengitter« in der Stamser Stiftskirche eine der qualitätvollsten Arbeiten barocker Schmiedeeisenkunst in Tirol. Es bildet nicht nur den Abschluß des Vorhauses, es geleitet den Besucher auch in den ob seiner einheitlich-strengen Komposition beeindruckenden Innenraum der Kirche. Bei der Wiltener Stiftskirche handelt es sich um einen einschiffigen, langgestreckten, rechteckigen Raum, ganz dem Typus der süddeutschen Wandpfeilerkirchen des 17. Jh. entsprechend. Eine schwer wirkende, durchgehende Tonne überwölbt das dreijochige Schiff und den sich ein wenig verjüngenden zweijochigen Chor. Gurtbögen und Stichkappen gliedern das Gewölbe. Desgleichen öffnen sich je fünf Quertonnen im Langhaus über den Seitenkapellen und im Presbyterium über den Seitenoratorien mit den geschwungenen Brüstungsgittern. Darüber verlaufen - ebenfalls über die ganze Länge der Kirche - knapp unterhalb des Gewölbeansatzes gedrückte Quertonnen über stichbogigen Emporen mit Dockenbrüstung.

Krönung Mariens, Deckenfresko im Chorraum von Kaspar Waldmann

Deckenausgestaltung

Die hl. Anna als Beschützerin der Stadt Innsbruck und des Klosters Wilten, Wandfresko in der Annenkapelle, 1703

Das Gemälde Kesslers mit der Darstellung der Kirchweihe von 1665 zeigt das Tonnengewölbe der Stiftskirche noch ohne jeglichen Schmuck (Abb. S. 13). Die Fresken und Stukkaturen sind späteren Datums und entstanden parallel von 1702 bis etwa 1707.

Der schwere, frühbarocke **Stuck** - vornehmlich an den Gurtbögen, Stichkappen, Graten und am Chorbogen angebracht - akzentuiert vor allem die Architektur, lockert diese aber auch auf. Bemerkenswert ist vor allem das Licht-Schatten-Spiel der kräftig hervortretenden Zierate. Akanthuslaub, Fruchtgirlanden, Adler und Engelsgestalten bilden eine unübersehbare und doch noch sehr streng gegliederte Fülle an Ornamenten. Der oberitalienische Meister **Bernardo Pasquale** (auch Posquelle oder Posquelli) zeichnet mit 31 (!) Gehilfen für diese hervorragenden Arbeiten des »späten Frühbarock« verantwortlich.

Schöpfer der **Fresken** war der Innsbrucker Barockmaler **Kaspar Waldmann**. Von den insgesamt 37 Fresken wurden sieben im Zweiten Weltkrieg zerstört. Das *Hauptfresko im Presbyterium* zeigt die Krönung Mariens - das Thema Mariae Himmelfahrt. Alle Prämonstratenserkirchen, sofern sie anläßlich ihrer (Neu-) Gründung kein bereits bestehendes Patrozinium übernahmen, sind üblicherweise auf den Titel der Himmelfahrt Mariens (15. August) geweiht, wie die Kirche in Prémontré. Umgeben ist dieses Fresko von den Darstellungen der vier Evangelisten - Matthäus, Markus, Lukas, Johannes - und der vier lateinischen

Christus und die Klugen Jungfrauen, Deckenfresko in der Ursulakapelle von Kaspar Waldmann

(abendländischen) Kirchenväter: Augustinus, Ambrosius, Gregor, Hieronymus. Die Deckenbilder der *Seitenoratorien im Chor* zeigen Heilige aus dem Prämonstratenserorden: Evermod von Ratzeburg, Hermann Josef von Steinfeld, Gilbert von Neuffontaines und Gottfried von Kappenberg.

Die *Gemälde im Langhaus* beziehen sich thematisch ebenfalls auf den Orden der Prämonstratenser bzw. die Kirchenpatrone: der hl. Norbert empfängt das weiße Ordenskleid, Martyrium des hl. Laurentius auf einem glühenden Rost und Steinigung des hl. Stephanus. Die beiden letzteren wurden beim Bombenangriff am 13. Juni 1944 völlig zerstört und vom Innsbrucker Maler Hans Andre 1952 neu geschaffen. Historisch blieb dabei nur das Sujet. Mit dem kräftigen Kolorit und der breiten, expressiven Pinselführung bilden sie eine reizvolle Erweiterung und Aktualisierung des ikonographischen Programms von Waldmann.

An *Wand und Decke der Seitenkapellen* nehmen die Darstellungen jeweils Bezug auf das Thema des Altares: Links vorne (an der Nordseite) beim Johannesaltar sieht man an der Wand die Enthauptung Johannes des Täufers (Markus 6,27), an der Decke die Taufe Christi (Matthäus 3,13).

Moses und die Eherne Schlange, Deckenfresko in der Kreuzkapelle von Kaspar Waldmann

Die folgende Kapelle ist den heiligen Aposteln geweiht und zeigt an der Wand die Bekehrung des hl. Paulus (Apostelgeschichte 9,1-19), an der Decke die Maria Immaculata (Maria als die Auserwählte Gottes). In der Annenkapelle finden wir an der Decke den Dienst Mariens im Tempel dargestellt. Das Wandfresko schildert in äußerster Präzision den »bayerischen Rummel« von 1703, als Truppen des bayerischen Kurfürsten Max Emanuel Tirol und seine Landeshauptstadt Innsbruck besetzten (Abb. S. 17). Die hl. Anna breitet schützend ihre Arme über die Stadt und ihre Bewohner. Bemerkenswert ist die getreue Darstellung der Stiftskirche (noch ohne Portikus), des Leithauses und der (noch gotischen) Pfarrkirche Wilten sowie der Stadt Innsbruck und ihrer Umgebung. In den Kapellen an der Südseite sehen wir in der Hl.-Kreuz-Kapelle die Kreuzesprobe durch Kaiserin Helena, durch die das Wahre Kreuz Jesu erkannt wurde (an der Wand), und die Erhöhung der ehernen Schlange durch Moses (nach Numeri 21,6-8) an der Decke. Die mittlere Seitenkapelle ist den Ordensvätern Norbert und Augustinus geweiht und schildert eine Szene der Ordensheiligen Norbert (Prämonstratenser) und Bernhard (Zisterzienser) vor Kaiser Lothar III. von Süpplingenburg (an

der Westwand); außerdem die Himmelfahrt des Propheten Elija auf dem Feuerwagen (nach 2 Könige 2,11).
Das Gemälde gegenüber dem Altarblatt des Ursulaaltars zeigt den hl. Norbert im Gebet um die Fürsprache der hl. Ursula von Köln und die neutestamentliche Szene aus dem Gleichnis von den zehn Jungfrauen (nach Matthäus 25, 1-13).

Taufe Christi, Deckenfresko in der Johanneskapelle

Chorraum mit Hochaltar

Das liturgische Zentrum der Kirche bildet der Chorraum (Presbyterium) mit dem massigen **Chorgestühl** aus Zirbenholz. Der Abtstuhl trägt das Wappen des Abtes Dominikus Löhr und die Jahreszahl 1668. Ein eben aufbrechender Granatapfel und eine vollreife Traube in den Konchen der Rückwand weisen dem älteren Abt und dem jüngeren Prior ihre Plätze zu. Dreimal am Tag wird hier vom Hauskonvent das Chorgebet nach den liturgischen Tageszeiten (Laudes, Mittagshore und Vesper) zumeist singend verrichtet. Ein spirituelles Zentrum des Tages ist auch die Konventmesse, die gemeinsame Feier der Eucharistie.
Der Innsbrucker Hoftischlermeister Paul Huber fertigte 1662 den **Hochaltar** aus schwarz gebeiztem Birnbaumholz. Die Gebrüder Schor (Hans und Egid) zeichnen für die Pläne des Altares verantwortlich, Ferdinand Fries übernahm die meisten bildhauerischen Arbeiten. Der dreistufige Aufbau signalisiert gleichzeitig das dahinterstehende theologische Konzept der Altarkonstruktion ganz im Sinne der Gegenreformation und der Beschlüsse des Konzils von Trient (1545-1563): Die Ebene des Irdischen (Altarstufen und -mensa), die Ebene der Heiligen (Säulen bis zum Gebälk), die Ebene des Göttlichen (Aufsatz mit durchbrochenem Giebelfeld). Der Priester, der am Altar in der Eucharistie das Kreuzesopfer Christi »unblutig« gegenwärtig setzt, trägt dabei die Bitten des Volkes den Heiligen vor, die sie als Fürsprecher vor den Thron Christi, quasi die »höchste Instanz«, bringen. Mit seinen fast 19 Meter Höhe ist der Altar nicht nur der gewichtigste Blickfang der Kirche, er stellt dane-

ben auch einen der größten freistehenden Altaraufbauten im süddeutsch-österreichischen Raum dar. Die in der Rokokozeit neu gestaltete Altarmensa mit dem Wappen des Abtes Joseph von Lizzi (1765-1778) und der Tabernakel mit den Figuren der vier Evangelisten und der beiden »seligen« Wiltener Pröpste Marquard und Wernher sowie des Innsbrucker Diözesanpatrones St. Petrus Canisius im kuppelförmigen Aufbau (alle drei 1996 nachgeschnitzt) sind ganz nach römischem Vorbild gestaltet - verbrachte doch Egid Schor zehn Jahre seiner Lehrzeit in Rom.
Über einem hohen Sockel, der an zwei Feldern das Wappen der Medici (links) und den Bindenschild des Hauses Österreich (rechts) trägt, ragen sechs schlanke, glatte Säulen mit Kompositkapitellen auf, die den Aufsatz tragen. Dazwischen stehen auf rocaillebesetzten Sockeln die *Skulpturen* der heiligen Ordensväter Augustinus (links innen) und Norbert (rechts innen) von Josef Stapf (1768) sowie der beiden alten Brixener Diözesanpatrone Vigilius und Kassian (letztere möglicherweise noch aus der Vorgängerkirche stammend). Die vom Gebälk herunterschwebenden Putti tragen die Attribute der Heiligen (Blütenkränze, Mitra - St. Norbert, brennendes Herz - St. Augustinus). Sie stammen ebenfalls aus der zweiten Ausstattungsphase während der Rokokozeit.
Die Mitte der dreisäuligen Ädikula bildet das von Egid Schor 1671 signierte *Altarblatt*: Maria, die Rosenkranzkönigin. Da das sonst für Prämonstratenserkirchen obligate Thema »Mariae Himmelfahrt« ob des bestehenden Patronates der Heiligen Laurentius und Stephanus nicht möglich war, sollte Maria wenigstens auf dem Hochaltarbild einen zentralen Platz erhalten, zumal das Rosenkranzgebet als »Geheimwaffe« bei drohender »Türkengefahr« - die erst 1683 vor den Toren Wiens für einige Zeit abgewehrt werden konnte - eine bedeutende Rolle spielte. Unterhalb Mariens, die Rosenkränze an den hl. Dominikus und die hl. Katharina v. Siena verteilt, sitzen auf Wolken-

Abtstuhl aus Zirbenholz mit dem Wappen des Abtes Dominikus Löhr, 1668

Hl. Augustinus und hl. Norbert am Hochaltar, Schnitzfiguren von Josef Stapf, 1768

thronen die eigentlichen Kirchenpatrone Laurentius und Stephanus, umgeben von zahlreichen Engeln.

Die *Aufsatzarchitektur* ist mehr als nur abschließende Bekrönung des Hochaltars (Abb. S. 27/28). Die feingliedrigere Architektur stellt sich wie das Bühnenbild eines barocken Jesuitentheaters dar. Sie bildet auch theologisch die dritte Ebene des Hochaltars. ECCE PLUS QUAM SALOMON HIC (Siehe, hier ist mehr als Salomo, Matthäus 12,42) verkündet die Inschrift auf der prächtigen Rokokokartusche am Gesims. Flankiert von den Erzengeln Gabriel (Lilie) und Michael (Flammenschwert und Seelenwaage) von Josef Stapf 1768 auf zwei mächtigen Voluten, eröffnet sich in der Mitte des Auszugs der »Thron Salomonis«. Zu ihm führen sechs goldene Doppelstufen empor, bewacht von je sechs goldenen Löwen (siehe 1 Könige 10,18-22). Auf dem Thron schließlich - der obere Teil ist illusionistische Architekturmalerei - sehen wir nicht den alttestamentlichen König Salomo, sondern Christus als die verkörperte Weisheit Gottes, die das Erste Testament erfüllt, ja die sprichwörtliche Weisheit Salomos überhöht. Abt Dominikus Löhr (1651-1687) vermerkt ab und zu in seinem Tagebuch, er habe »bei den Löwen Messe gelesen«. Wir dürfen annehmen, daß es sich hierbei um den gemalten Holzaltar unterhalb des Thrones handelt.

Anna Selbdritt, Altarblatt der Annenkapelle nach dem Vorbild von Raffaels Madonna im Grünen

Seitenaltäre

Da bis zur Liturgiereform des II. Vatikanischen Konzils (1962-1965) jeder Priester die tägliche Eucharistie (Messe) separat zu zelebrieren hatte, war eine große Anzahl von Seitenaltären erforderlich. Die künstlerische Ausstattung mit Seitenaltären entsprach also einer Notwendigkeit. Kirchliche Kunst dieser Zeit war mit wenigen Ausnahmen Gebrauchskunst. So vervollständigen acht Seitenaltäre den ernsten, feierlichen Gesamteindruck der nach Osten hin ausgerichteten Kirche.

Links und rechts vom Hochaltar befinden sich neben den Eingängen zur Sakristei zwei kleinere Seitenaltäre, dem hl. Hermann Josef und dem hl. Josef geweiht. Die Altarbilder stammen von Josef Liebherr (1768). Wenn wir unseren Rundgang auf der **linken Seite** des Kirchenschiffes fortsetzen, gelangen wir zunächst zum **Johannesaltar**. Wie bei den anderen Altären im Langhaus, rahmen auch hier zwei Säulen mit gesprengtem Giebel ein rundbogiges Altarblatt (Kopie des Raffaelbildes »Madonna di Foligno« von Michael Andersag, 1826. Original von 1512, Vatikanische Museen) mit dem Stifterwappen der Grafen Trautson. Im Auszug flankieren zwei Engel ein ovales Aufsatzbild der Madonna mit den Geheimnissen des schmerzhaften Rosenkranzes, 18. Jh. Das Vorsatzbild auf der Altarmensa zeigt die hl. Maria Magdalena (ebenfalls 18. Jh.). Die Johanneskapelle ist gleichzeitig Grablege der Herren von

CE
OVAM
MON

Matrei und Trautson. Die lateinische Inschrift auf der Grabplatte lautet auf deutsch: *Hier ruhen Asche und Gebeine der Edlen aus den Familien Matrei und Trautson.*
Der **Apostelaltar** umschließt ein Altarblatt mit der Verleihung des Primates an Petrus von Matthias Pußjäger, 1716 (Vater des Abtes Norbert Pußjäger, 1747-1765). Das Stifterwappen gehört den Grafen Hendl. Das Aufsatzbild zeigt den hl. Hieronymus (?) (18. Jh.), das Vorsatzbild den hl. Franziskus von Assisi (18. Jh.).
Am **Annenaltar** ist wiederum eine Kopie nach Raffael zu sehen: die Darstellung der hl. Anna Selbdritt entstand nach der »Madonna im Grünen«. Geschaffen hat sie Josef Floriani, um 1620; das Rahmengemälde (Engelsgloriole) von Anton Christoph Steidl kam 1719 hinzu. Im Aufsatzbild ist die hl. Katharina (18. Jh.) zu sehen, im Vorsatzbild die hl. Rosalia (18. Jh.). Das Stifterwappen der Herren von Freising weist darauf hin, daß die Kapelle ihnen und ihren Nachfolgern, den Freiherren von Troyer zu Troyenstein und Straßfried, als Gruftkapelle diente. Die Grabplatte Christoph Friedrichs von Freising zu Aichach und Straßfried mit dem Wappen der Freising und Helbling von Straßfried zeugt hiervon.
Die letzte Kapelle auf der **Südseite** birgt den **Ursulaaltar**, dessen Altarblatt die Glorie der hl. Ursula und ihrer Gefährtinnen von Anton Christoph Steidl zeigt (1719). Im Aufsatzbild sind die hll. Josef und Joachim (?) präsentiert, im Vorsatzbild die hl. Theresia von Avila.
Am **Norbertialtar** ist Maria mit den heiligen Ordensvätern Augustinus und Norbert dargestellt. Das Altarblatt stammt von Balthasar Renn (um 1730). Das Aufsatzbild zeigt einen Bischof oder Abt, das Vorsatzbild die Heiligen Adrian Janson und Jakob Lacops (zwei Prämon-

Taufstein und Osterleuchter in der Norbertikapelle

Gotisches Kruzifix mit echtem Haar (um 1510) am Altar der Kreuzkapelle

stratenser). Das Stiftswappen von Wilten am Gebälk (heraldisch links die Steine des hl. Stephanus, rechts der Rost des hl. Laurentius, unten der Sillfluß, der durch die grüne »Wiltener Aue« fließt) weist auf die Grablege der Wiltener Äbte hin. Die Gruft, gleichzeitig Eingang einer weitläufigen Krypta, birgt die Gebeine der Wiltener Äbte von Gregor Stremer († 1719) bis Laurentius Müller († 1906) und konnte wegen akuter Einsturzgefahr seit 1944 nicht mehr geöffnet werden. Die Kapelle birgt außerdem einen hölzernen Taufbrunnen und den Osterleuchter. Beide Stücke sind schwarzgold gefaßt und stammen aus der Mitte des vorigen Jahrhunderts. Obwohl die Wiltener Stiftskirche keine Pfarrkirche ist, spielen für die Liturgie der Prämonstratenser das Taufbecken und der Osterleuchter eine zentrale Rolle. Während der Vesper am Ostersonntag und den Sonntagen der Osterzeit ziehen die Chorherren beim Gesang des Psalmes 114 (»Als Israel aus Ägypten auszog...«) dorthin.

Der vorderste Altar schließlich, der **Kreuzaltar**, stand nach alter Prämonstratensertradition in der Mitte des Langhauses, unterhalb des Chorbogens. Das spätgotische Kruzifix mit echtem Haar (um 1510) war beim Einsturz der Kirche im Jahre 1644 unversehrt geblieben, weshalb es im Volk große Verehrung genoß. Das Altarblatt hinter dem Kreuz zeigt den Berg Golgotha und die Stadt Jerusalem. Das Stifterwappen am Gebälk ist ein Allianzwappen der Grafen Ferrari-Occhieppo und der Fenner von Fennberg. Für den Aufsatz hat der Wiltener Maler Johann Georg Dominikus Grasmair (?) eine Darstellung des hl. Sebastian geschaffen. Der Vorsatzaufbau wurde im Jahre 1911 zugunsten eines Neo-Rokokotabernakels mit der Darstellung des Herzens Jesu von Roman Pirchner entfernt.

Kanzel

Die auf dem Gemälde von Kessler noch zu sehende frühbarocke Kanzel wurde 1767/68 durch die prunkvolle Rokokokanzel ersetzt. Drei vergoldete Reliefs auf dem geschwungenen Kanzelkorb erinnern an die Heilsbotschaft, die durch den Dienst der Predigt weitervermittelt werden soll: Der himmlische Gärtner (nach Johannes 20,15), der reiche Fischfang (nach Johannes 21,6), das Gleichnis vom Sämann (nach Markus 4,1-9) und Jesus mit der Samariterin am Jakobsbrunnen (nach Johannes 4,7ff). Am Sockelgesims weisen Engel, Löwe, Stier und Adler auf die vier Evangelisten. Der Schalldeckel bringt vor allem die katholische Position der Rechtfertigungslehre zum Ausdruck, wie sie in der 6. Sitzung des Konzils von Trient (1547) definiert wurde: Die göttliche Gerechtigkeit (Putto mit Gebotstafel I-III) ist mehr als nur »Vergeltungsgerechtigkeit« im menschlichen Bereich (Putto mit Gebotstafel IV-X und Zuchtrute), sie ist vor allem »Ver-

Die Kanzel von Josef Stapf, 1767/68

Pastoralstab des Abtes Christoph Lerchner, Augsburg 1596

gebungsgerechtigkeit«. Durch die Sakramente der Taufe und der Buße (Putto mit Taufmuschel und Bußgürtel) läßt Gott dem Menschen die Sünde nach und schenkt ihm die Gnade, die er selber entfalten kann und muß. Mit dem Beistand des Hl. Geistes (Taube im Strahlenkranz), ist die Kirche (Frau mit Kelch, Kreuz, Tiara und Buch mit sieben Siegeln) Künderin und Mittlerin des Heiles der Menschen, das Gott allein wirkt und ist.

Sonstige Ausstattung

Die Kirchenbänke, Kapellenstühle und die sieben Beichtstühle stammen mit ihrer noch ganz der Renaissance verpflichteten Ornamentik aus der ersten Ausstattungsphase der Kirche (um 1665). Die Kommunionbank hingegen, die den »Tisch des Herrn« symbolisiert und früher noch beim Kommunionempfang der Gläubigen mit einem weißleinenen »Tischtuch« gedeckt wurde, ist mit ihrem teils vergoldeten Schmiedeeisengitter und den flankierenden Schmuckvasen ein Werk des Rokoko, vermutlich gleichzeitig mit der Kanzel geschaffen. Beachtenswert ist auch der zum größten Teil noch originale Marmorboden. Die Kreuzwegstationen in der Vorhalle stammen aus der Mitte des 19. Jh.

Kirchenschatz und Paramente

Die Stiftssakristei birgt noch heute eine Fülle von Paramenten (Gewänder, die beim Gottesdienst getragen werden) und kostbaren liturgischen Geräten. Die bedeutendsten Stücke sind: die Kopie des Wiltener Henkelkelches (nach dem Original aus dem 12. Jh.), das Pastorale (Abtstab) von 1596, der Rokokokelch von J. B. Rousseau 1760, das Meßkleid von 1626 sowie eine Kasel (Meßgewand), die Kaiserin Maria Theresia selbst bestickte und 1780 - einige Monate vor ihrem Tod - dem Wiltener Abt schenkte. Diese Pretiosen werden heute im Stiftsmuseum verwahrt.

Rokokokelch von Jean Baptiste Rousseau, München 1760

Zweimal in seiner über 850jährigen Geschichte war das Stift aufgehoben; zweimal war auch der Kirchenschatz Beuteobjekt: In den Jahren 1807-1816 bei der Aufhebung durch die damalige bayerische Regierung unter dem Einfluß von Graf Montgelas und in den Jahren 1939-1945, als das Stift zwangsweise an den »Reichsgau« verkauft werden mußte. Damals retteten junge Kleriker unter Einsatz ihres Lebens die schönsten Stücke vor dem Vandalismus der Nazi-Schergen.

Orgeln

Da bei dem Luftangriff 1944 die alte Orgel von Johann Georg Gröber (Innsbruck, 1836) zerstört worden war, entschloß man sich in den 60er Jahren zu einem Neubau, als es die finanzielle Lage wieder erlaubte. So entstand 1963/64 auf der oberen Westempore eine viermanualige, rein mechanische Schleifladenorgel mit 40 klingenden Registern. Sie bekam bald den Namen »Olympiaorgel«, weil im Jahre 1964 in Innsbruck die olympischen Winterspiele abgehalten wurden und der Erbauer der Orgel, der Kremser Orgelbaumeister Gregor Hradetzky, 1936 eine Goldmedaille im Kanuwettbewerb erhalten hatte. Die Pläne für diese Orgel stammen von den Innsbrucker Ingenieuren Egon Krauss und Josef Menardi.
Das weitaus bedeutendere Klangdenkmal ist aber die schwarz-gold gefaßte Kastenorgel, die sog. Chororgel auf der nördlichen Chorempore des Presbyteriums. Der Wiltener Orgelbauer Daniel Herz (gest. 1670) schuf dieses Werk, die älteste noch erhaltene Transmissionsorgel der Welt. Bei Orgeln dieser Art wird eine Pfeife jeweils von mehreren Registern »beansprucht«. Normalerweise ertönt pro Taste und gezogenem Register immer eine eigene Pfeife. Orgeln, die nach diesem System gebaut wurden, waren daher platzsparender, sowohl baulich als auch in ihrem Klangvolumen. Daniel Herz's Grabstein an der Mauer des Südturmes der Basilika Wilten enthält folgende Inschrift: *Hier ruht mein Leib und er ist tot,*

Darstellung einer Eberhatz im »Jagdzimmer«

zogin von Toscana und späteren Infantin von Spanien, Maria Ludovica, die 1765 anläßlich ihrer Vermählung mit Erzherzog Leopold (dem späteren Kaiser Leopold II.) ihr Quartier in Wilten nahm. Die Weißpoliment/Gold gefaßten Statuen der Heiligen Norbert und Augustinus wurden vom Nassereither Bildhauer Franz Egg 1909 geschaffen.
Die linke Seitenstiege führt den Besucher in das erste Obergeschoß der sogenannten Prälatur. Hier befand sich einst die Wohnung des Abtes. Das »Vorzimmer«, den **Altmuttersaal**, mit der reich gegliederten Kassettendecke aus dem 17. Jh. und dem Biedermeier-Intarsienboden schmückten Jakob Plazidius Altmutter und sein Vater Franz um 1814 mit Darstellungen romantischer Ruinenbauten und verspielter Tier- und Naturszenen. Der rechteckige Raum besticht durch diese ungemein reizvollen Tapetenmalereien auf Leinwand (sogenannte »Tüchleinmalerei«) an den drei fensterlosen Wänden (Abb. S. 43-45).
Die Galerie auf halber Höhe des Vestibüls führt in den südlichen Abteitrakt mit den Schauräumen des Stiftsmuseums. Der erste Saal wird **Jagdzimmer** genannt. Der Name erinnert an jene Jagdmähler, die im 18. und 19. Jh. hier noch sporadisch stattfanden und nebst der alljährlichen Verköstigung einer bestimmten Anzahl von Jägern, Pferden und Hunden von Kaiser Maximilian I. dem Kloster aufgezwungen worden waren.

Detail der Tapetenmalerei des Altmuttersaales

Der Festsaal und Prunkraum des Stiftes ist der **Norbertisaal**, dem ein Freskenzyklus Kaspar Waldmanns über das Leben des hl. Norbert seinen Namen verlieh (Abb. S. 41/42). Das große **Mittelfresko** zeigt die Apotheose des hl. Norbert, der von zahllosen Engeln umgeben auf Wolken in den Himmel entschwebt. Darunter sind Heilige und Selige des Prämonstratenserordens zu sehen. Das westliche Deckenfeld zeigt die Heilung einer blinden Frau (als sie das Meßkleid des Heiligen berührt). Das östliche Fresko »Norbert vor Kaiser Lothar III. von Süpplingenburg«, das 1944 völlig zerstört wurde, hat Prof. Wolfram Köberl 1957 neu gemalt. Die seitlich ausschwingenden **Ovale in der Hohlkehle** zeigen: Norberts Geburt (Osten), die symbolische Übergabe der Ordensregel durch den hl. Augustinus (Norden, Abb. S. 6), die Kreuzesvision (Westen) - im Hintergrund helfen Engel beim Bau des Mutterklosters Prémontré - und Empfang des weißen Ordenskleides aus den Händen der Madonna (Süden), letzteres eine Neuschöpfung Köberls von 1957. Der zartgliedrige Stuck mit figürlicher Darstellung der vier Jahreszeiten in den Saalecken und Flachreliefs der vier Kardinaltugenden auf lorbeerumrandeten Ovalen, Klugheit (mit Spiegel), Gerechtigkeit (mit Schwert und Waage), Tapferkeit (mit Säule), Mäßigkeit (mit Krug), werden Diego Francesco Carlone und Paolo Allio oder anderen Künstlern vom Comer See bzw. aus der Lombardei zugeschrieben. Eine urkundliche Nennung derselben im Stiftsarchiv ist nicht vorhanden. Es besteht jedoch eine frappierende Ähnlichkeit zu dem von obengenannten Künstlern ein Jahr früher im Augustiner-Eremiten Kloster in Rattenberg (Tirol) geschaffenen Stuck. Die Wände zieren Leinwandgemälde mit Heiligendarstellungen des 18. Jh. (B. Renn, Ph. Haller u.a.). Nach der neutestamentlichen Szene Markus 9,2-10 malte Kaspar Waldmann im Jahre 1710 das Deckenfresko im **Verklärungszimmer** mit der Verklärung Jesu auf dem Berg Tabor, das in seiner streng symmetrischen Anordnung der Figuren an das Gemälde Raffaels erinnert. In diesem Raum hängt auch das oben beschriebene Kolossalgemälde Stefan Kesslers, das die Einweihung der Stiftskirche am 18. Oktober 1665 festhält.
Im 1. Stockwerk befindet sich unter dem Norbertisaal der **Gartensaal**, dessen mit Leinwand bespannte Wände Kaspar Waldmann um 1712 mit phantasievollen Ausblicken auf Gartenlandschaften im französischen Stil ausschmückte (Abb. S. 49).

Pretiosenkabinett

Unter den übrigen Räumen der Prälatur und des Stiftsmuseums sei noch das Pretiosenkabinett genannt. Es besteht aus zwei vollständig verdunkelten Zimmern, in denen die kostbarsten Meßkleider, Kelche, Monstranzen sowie Pergamente und Kupferstiche aufbewahrt werden. Erwähnung finde hier - pars pro toto - die 110 cm hohe Monstranz der Stiftskirche, ein reich mit Perlen und (Halb-) Edelsteinen verziertes Meisterstück Augsburger Goldschmiedearbeit des Rokoko. Sie stammt aus der Hand des Meisters Franz Thaddäus Lang (punziert: Augsburg 1739) und findet heute noch bei der feierlichen Vesper am Fronleichnamstag Verwendung. Ein Mittragen bei der Prozession wäre wegen ihres Gewichtes von ca. 6 kg undenkbar.

Rokokomonstranz, 1739

Bibliothek

Das 17. Jh. brachte für das Kloster nicht nur eine materielle, sondern auch eine geistige Blütezeit. Wiltener Chorherren, allen voran Abt Andreas Mayr (1621-1650) studierten an bedeutenden Universitäten Europas (u.a. Ingolstadt, Perugia, Rom). Viele neue Bücher wurden angeschafft, und bald erwies sich die alte Stiftsbibliothek als zu klein. So entschloß sich Abt Martin Stickler im Zuge weitaus umfangreicher geplanter Zubauten (der Südtrakt der Prälatur hätte laut Idealplan ein symmetrisches Gegenstück im Norden erhalten sollen) zu einem Neubau. Man verlängerte zunächst den Osttrakt des Stiftes unter Einbeziehung älterer Wirtschaftsgebäude nach Norden. Hier fand neben den Zellen für die Chorherren auch eine neue Bibliothek Unterkunft. Ihre Lage ist denkbar günstig: Morgensonne und der Blick ins Grüne, wie dies bereits der römische Architekt Vitruvius Pollio empfiehlt, sollen zur Förderung geistiger Aktivität beitragen. Die Bibliothek zählt nicht zu den Prunkräumen der Prälatur, da sie zu entlegen ist; von den Zimmern der Chorherren aus ist sie jedoch leicht erreichbar. Den zweigeschossigen Saal, den eine von je fünf Stichkappen eingeschnittene Tonne überwölbt, teilt in der Höhe

Blick in die unter Abt Martin Stickler um 1730 erbaute Stiftsbibliothek

des ersten Stockwerkes eine umlaufende Balustradengalerie. Die Galerie dient auch als thematischer Raumteiler: Während ebenerdig der Schwerpunkt auf theologischen Werken liegt, befindet sich im Obergeschoß vorwiegend profane Literatur. Insgesamt stehen in den polychrom marmorierten Regalen des Barocksaales etwa zehntausend Bände, die auch heute noch für wissenschaftliches Arbeiten benützt werden können. Die stuckumrahmten, ovalen Deckenfelder und die Kartuschen in den Gewölbezwickeln sollten ursprünglich mit Fresken (allegorische Darstellungen der Weisheit) ausgemalt werden, wozu es aber nicht mehr kam. Die Eingänge befanden sich früher in der Raummitte beider Geschosse.

Würdigung

Seit der Bestätigung des Stiftes Wilten durch Papst Innozenz II. 1138 prägen Mitbrüder aus dem Orden der Prämonstratenser das geistige und kulturelle Gesicht dieser geschichtsträchtigen Region am Fuße des Berg Isel. Hier, am Beginn des Brennerpasses, einem der seit jeher meistbenützten Alpenübergänge, entwickelte sich im Laufe der Zeit aus einigen Höfen und schlichten Hütten vor allem durch den Aufschwung des 17. und 18. Jahrhunderts ein repräsentatives Barockkloster, in dem zeitweise nur französisch gesprochen wurde. Bedeutende einheimische und

europäische Künstler waren für das Stift tätig: Die Innsbrucker Baumeisterfamilie Gumpp, der Maler Kaspar Waldmann und der Stukkateur Bernardo Pasquale zeichnen unter vielen anderen für die barocke Ausgestaltung des Stiftes und der Kirche verantwortlich. In den Kunstsammlungen befanden sich bis zur Aufhebung durch die Bayern 1807 Werke von Heinrich Aldegrever, Albrecht Altdorfer, Albrecht Dürer, Michael Pacher, Hans Schäufelin, Paul Troger u.a. Auch heute noch verfügt die Gemäldegalerie des Stiftes über bedeutende Werke, z.B. von Daniel Gran, Giovanni Battista Piazetta, Anton und Josef Zoller u.a.
Trotz seiner Rolle als Kunstmäzen blieb das Stift Wilten in seiner wechselvollen Geschichte immer **Wahr-Zeichen** und **Mahn-Zeichen** für die befreiende und **Sinn-stiftende Botschaft** des Evangeliums. Hier bemühten sich Ordensleute um gemeinsames Leben, Bestärkung im Glauben, Bildung und Lehre, Pflege der Kranken und Betreuung der sozial Schwachen. **Hier war und ist ein Ort der Kultur und der inneren Einkehr.** Das Stift ist nicht nur ein Museum alter Kunstschätze, es ist gleichzeitig immer auch »Baustelle« spiritueller Erneuerung, eine »Versuchsanstalt«, wie Kirche heute gelebt und verwirklicht werden kann. So finden von hier aus viele von Hektik und Unrast geplagte Menschen zu Sammlung und innerem Frieden. Zweimal in seiner langen Geschichte war das Stift aufgehoben (1807-1816 und 1939-1945). Mögen Toleranz (Friede innen) und Solidarität (Friede außen) aus dem Geist des Evangeliums, wie sie unser Ordensgründer Norbert von Xanten gepredigt und gelebt hat, durch viele Menschen in eine glückliche Zukunft hinein weiterwirken.

Florian Norbert Schomers OPraem

Chorherrn Nikolaus Albrecht OPraem und Prior Tomas Ostarek OPraem sei für ihre vielfältigen Bemühungen bei der Entstehung dieses Kunstführers herzlich gedankt!

Gartensaal mit illusionistischen Landschaftsausblicken, Kaspar Waldmann, um 1712

Chorgewölbe
1 Krönung Mariens
a) Vier Evangelisten (beginnend über dem Hochaltar im Uhrzeigersinn: Matthäus, Lukas, Johannes und Markus)
b) Vier Kirchenväter (rechts: östlich Ambrosius, westlich Hieronymus, links: östlich Gregor, westlich Augustinus)

Langhausgewölbe
2 Übergabe des Ordenskleides an den hl. Norbert
3 Martyrium des hl. Laurentius (1952)
4 Steinigung des hl. Stephanus (1952)

Wand- und Deckenbilder in den Kapellen

Nördliche Kapellen (von Osten)
9 Enthauptung Johannes des Täufers
10 Taufe Christi
11 Bekehrung des Saulus
12 Unbefleckte Empfängnis Mariens
13 Die hl. Anna als Schutzpatronin Innsbrucks
14 Maria im Tempel

Südliche Kapellen (von Osten)
15 Kreuzesprobe durch die hl. Helena
16 Moses und die Eherne Schlange
17 Norbert von Xanten und Bernhard von Clairvaux vor Kaiser Lothar III.
18 Himmelfahrt des Propheten Elias
19 Der hl. Norbert betet zur hl. Ursula
20 Christus und die Klugen Jungfrauen

Deckenfresken an den unteren Choremporen
5 Evermod von Ratzeburg
6 Josef von Steinfeld
7 Gilbert von Neuffontaines
8 Gottfried von Kappenberg